Impressum
Verlag: BABADADA GmbH, Nedderfeld 112 , 22529 Hamburg
Geschäftsführer / Verlagsleitung: Harald Hof
Druck: Books on Demand GmbH, In de Tarpen 42, 22848 Norderstedt

Imprint
Publisher: BABADADA GmbH, Nedderfeld 112 , 22529 Hamburg, Germany
Managing Director / Publishing direction: Harald Hof
Print: Books on Demand GmbH, In de Tarpen 42, 22848 Norderstedt, Germany

dzielić
除

186/2

Tablica
黑板

Sala lekcyjna
教室

Dziedziniec szkolny
校园

Nauczyciel
老师

Papier
纸

pisać
书写

Pisak
钢笔

Biurko
办公桌

Liniał
直尺

Książka
书

Uczeń
学生

Plecak szkolny

书包

Piórnik

铅笔盒

Ołówek

铅笔

Temperówka

卷笔刀

Gumka do mazania

橡皮擦

Blok rysunkowy

画板

Rysunek

图画

Pędzel

画笔

Pudełko z akwarelami

颜料盒

Nożyce

剪刀

Klej

胶水

Książka do ćwiczenia

练习册

Zadanie domowe

家庭作业

Liczba

数字

dodawać

加

odejmować

减

mnożyć

乘

liczyć

计算

A

Litera

字母

ABCDEFG HIJKLMN OPQRSTU VWXYZ

Alfabet

字母表

Słowo

字

Tekst

课文

czytać

读

Kreda

粉笔

Godzina

上课

Dziennik lekcyjny

登记

Egzamin

考试

Świadectwo

证书

Mundurek szkolny

校服

Wykształcenie

教育

Leksykon

百科全书

Uniwersytet

大学

Mikroskop

显微镜

Mapa

地图

Kosz na odpadki

废纸筐

Hotel
酒店

Grand

Schronisko
青年旅社

ROOMS

Kantor wymiany walut
外币兑换处

EXCHANGE

Walizka
手提箱

Auto
汽车

Język
语言

tak / nie
是/否

OK
好的

Halo
您好

Tłumacz
翻译员

Dziękuję
谢谢

Ile kosztuje ...?

......多少钱？

Nie rozumiem

我不明白

Problem

问题

Dobry wieczór!

晚上好！

Dzień dobry!

早上好！

Dobranoc!

晚安！

Do widzenia

再见

Kierunek

方向

Bagaż

行李

Torba

包

Plecak

双肩包

Gość

客人

Pokój

房间

Śpiwór

睡袋

Namiot

帐篷

Informacja turystyczna

旅游信息

Plaża

海滩

Karta kredytowa

信用卡

Śniadanie

早餐

Obiad

午餐

Kolacja

晚餐

Bilet

票

Winda

电梯

Znaczek na list

邮票

Granica

边界

Cło

海关

Ambasada

大使馆

Wiza

签证

Paszport

护照

Samolot
飞机

Statek
船

Pojazd straży pożarnej
消防车

Samochód ciężarowy
卡车

Autobus
公交车

Łódź motorowa
汽艇

Rower
自行车

Auto
汽车

Prom

摆渡船

Łódź

小船

Motocykl

摩托车

Radiowóz policyjny

警车

Samochód wyścigowy

赛车

Samochód wypożyczony

租车

Wspólne przejazdy
samochodem
拼车

Samochód pomocy
drogowej
拖车

Śmieciarka
垃圾车

Silnik
发动机

Benzyna
汽油

Stacja benzynowa
加油站

Znak drogowy
交通标志

Ruch
交通

Korek
交通堵塞

Parking
停车场

Dworzec
火车站

Szyny
轨道

Pociąg
火车

Tramwaj
电车

Wagon
货车

Helikopter

直升机

Lotnisko

机场

Wieża

塔

Pasażer

乘客

Kontener

集装箱

Karton

纸板箱

Taczka

手推车

Kosz

篮子

startować / lądować

起飞/降落

Miasto

城市

Wieś

村庄

Centrum miasta

市中心

Dom

房子

Kino 电影院
Reklama 广告
Latarnia uliczna 路灯
Ulica 街道
Taksówka 出租车
Kiosk 小吃店
Pieszy 行人
Chodnik 人行道
Skrzyżowanie 十字路口
Pasy dla pieszych 斑马线
Kubeł na śmieci 垃圾箱
Lampa 红绿灯

Chata
小屋

Mieszkanie
公寓

Dworzec
火车站

Ratusz
市政厅

Muzeum
博物馆

Szkoła
学校

Uniwersytet

大学

Bank

银行

Szpital

医院

Hotel

酒店

Apteka

药房

Biuro

办公室

Księgarnia

书店

Sklep

商店

Kwiaciarnia

花店

Supermarket

超市

Rynek

市场

Dom towarowy

百货商店

Sklep z rybami

鱼店

Centrum handlowe

购物中心

Port

海港

Park

公园

Ławka

长凳

Most

桥

Schody

楼梯

Metro

地铁

Tunel

隧道

Przystanek autobusowy

公交车站

Bar

酒吧

Restauracja

餐馆

Skrzynka na listy

邮筒

Tabliczka z nazwą ulicy

路标

Parkometr

停车计时器

Zoo

动物园

Łaźnia

游泳馆

Meczet

清真寺

Gospodarstwo chłopskie
农场

Zanieczyszczenie
środowiska
污染

Cmentarz
墓地

Kościół
教堂

Plac zabaw
操场

Świątynia
寺庙

Krajobraz
地形

Liść
树叶

Drogowskaz
指示牌

Droga
路

Łąka
草地

Kamień
石头

Drzewo
树

Wędrowiec
徒步旅行者

Rzeka
河

Trawa
草

Kwiat
花

Dolina

峡谷

Góra

山

Jezioro

湖

Las

森林

Pustynia

沙漠

Wulkan

火山

Zamek

城堡

Tęcza

彩虹

Grzyb

蘑菇

Palma

棕榈树

Komar

蚊子

Mucha

苍蝇

Mrówka

蚂蚁

Pszczoła

蜜蜂

Pająk

蜘蛛

Chrząszcz

甲虫

Żaba

青蛙

Wiewiórka

松鼠

Jeż

刺猬

Zając

野兔

Sowa

猫头鹰

Ptak

鸟

Łabędź

天鹅

Dzik

野猪

Jeleń

鹿

Łoś

麋鹿

Tama

水坝

Wiatrak

风力发电机

Moduł solarny

太阳能电池板

Klimat

气候

Kelner
服务员

Menu
菜单

Krzesło
椅子

Zupa
汤

Pizza
披萨饼

Sztućce
餐具

Obrus
桌布

Przystawka

前菜

Danie główne

主菜

Deser

甜点

Napoje

饮料

Jedzenie

食物

Butelka

瓶子

Fastfood

快餐

Streetfood

街边小吃

Dzbanek na herbatę

茶壶

Cukierniczka

糖盒

Porcja

一份饭菜

Zaparzarka do espresso

意式咖啡机

Krzesło dla dziecka

高脚椅

Rachunek

账单

Taca

托盘

Noż

刀

Widelec

餐叉

Łyżka

勺子

Łyżeczka

茶匙

Serwetka

餐巾

Szklanka

玻璃杯

Talerz

碟子

Talerz do zupy

汤盘

Podstawek pod filiżankę

碟子

Sos

酱

Solniczka

盐瓶

Młynek do pieprzu

胡椒磨

Ocet

醋

Olej

食用油

Przyprawy

调味料

Keczup

番茄酱

Musztarda

芥末

Majonez

蛋黄酱

Oferta
特价

Klient
顾客

Produkty mleczne
乳制品

FOR

Wózek sklepowy
购物车

Owoce
水果

Rzeźnia

肉铺

Piekarnia

面包房

ważyć

称重

Warzywa

蔬菜

Mięso

肉

Mrożonki

冷冻食品

Wędliny
冷盘

Konserwy
罐头食品

Proszek m do prania
洗衣粉

Słodycze
甜食

Artykuły użytku domowego
日用品

Środek czyszczący
清洁用品

Sprzedawczyni
销售员

Kasa
收银机

Kasjer
收银员

Lista zakupów
购物清单

Godziny otwarcia
开放时间

Portfel
钱包

Karta kredytowa
信用卡

Torba
袋子

Torebka plastikowa
塑料袋

Woda

水

Sok

果汁

Mleko

牛奶

Cola

可乐

Wino

红酒

Piwo

啤酒

Alkohol

酒

Kakao

可可

Herbata

茶

Kawa

咖啡

Espresso

意式浓缩咖啡

Cappuccino

卡布奇诺

Banan

香蕉

Jabłko

苹果

Pomarańcza

橙子

Arbuz

西瓜

Cytryna

柠檬

Marchew

胡萝卜

Czosnek

大蒜

Bambus

竹子

Cebula

洋葱

Grzyb

蘑菇

Orzechy

坚果

Makaron

面条

Spaghetti

意大利面条

Ryż

米饭

Sałatka

沙拉

Frytki

薯条

Ziemniaki pieczone

炸土豆

Pizza

披萨饼

Hamburger

汉堡包

Kanapka

三明治

Sznycel

炸猪排

Szynka

火腿

Salami

萨拉米

Kiełbasa

香肠

Kura

鸡肉

Pieczeń

烤肉

Ryba

鱼

Płatki owsiane

燕麦片

Musli

穆兹利

Płatki kukurydziane

玉米片

Mąka

面粉

Croissant

羊角面包

Bułka

面包卷

Chleb

面包

Toast

烤面包

Ciastka

饼干

Masło

黄油

Twarożek

凝乳

Ciasto

蛋糕

Jajko

蛋

Jajko sadzone

煎蛋

Ser

奶酪

Lody

冰激凌

Cukier

糖

Miód

蜂蜜

Marmolada

果酱

Krem nugatowy

巧克力酱

Curry

咖喱饭

Dom rolnika
农舍

Stodoła
粮仓

Baloty słomy
稻草捆

Pole
田野

Koń
马

Przyczepa
拖车

Żrebię
马驹

Traktor
拖拉机

Osioł
驴

Jagnię
羔羊

Owca
羊

Koza
山羊

Krowa
奶牛

Cielę
牛犊

Świnia
猪

Prosię
小猪

Byk
公牛

Gęś

鹅

Kaczka

鸭

Kurczątko

小鸡

Kura

母鸡

Kogut

公鸡

Szczur

鼠

Kot

猫

Mysz

老鼠

Osioł

牛

Pies

狗

Buda dla psa

狗屋

Wąż ogrodowy

花园浇水软管

Konewka

洒水壶

Kosa

长柄大镰刀

Pług

犁

Sierp

镰刀

Graca

锄头

Widły

长柄草耙

Siekiera

斧头

Taczka

独轮手推车

Koryto

饲料槽

Kanka na mleko

牛奶罐

Worek

麻布袋

Płot

栅栏

Stajnia

马厩

Szklarnia

温室

Ziemia

土壤

Nasiona

种子

Nawóz

肥料

Kombajn zbożowy

联合收割机

zbierać

收割

Żniwa

收割

Podchrzyn

山药

Pszenica

小麦

Soja

大豆

Ziemniak

土豆

Kukurydza

玉米

Rzepak

油菜籽

Drzewo owocowe

果树

Maniok

树薯

Zboże

谷物

Komin
烟囱

Dach
屋顶

Rynna deszczowa
落水管

Okno
窗户

Garaż
车库

Dzwonek
门铃

Drzwi
门

Wiaderko na śmieci
垃圾桶

Skrzynka na listy
信箱

Ogród
花园

Pokój dzienny
客厅

Łazienka
浴室

Kuchnia
厨房

Sypialnia
卧室

Pokój dziecięcy
儿童房

Jadalnia
餐厅

Ziemia
地板

Ściana
墙壁

Koc
吊顶

Piwnica
地窖

Sauna
桑拿

Balkon
阳台

Taras
露台

Basen
游泳池

Kosiarka do trawy
割草机

Poszwa
被单

Kołdra
床罩

Łóżko
床

Miotła
扫帚

Wiadro
水桶

Włącznik
开关

Tapeta
壁纸

Obraz
照片

Lampa
台灯

Regał
搁架

Szafa
橱柜

Komin
壁炉

Telewizor
电视机

Kwiat
花

Poduszka
垫子

Kanapa
沙发

Wazon
花瓶

Pilot
遥控器

Dywan

地毯

Zasłona

窗帘

Stół

餐桌

Krzesło

椅子

Bujak

摇椅

Fotel

扶手椅

Książka

书

Sufit

毯子

Dekoracja

装饰品

Drewno kominkowe

木柴

Film

电影

Instalacja stereo

高保真音响

Klucz

钥匙

Gazeta

报纸

Malunek

油画

Plakat

海报

Radio

收音机

Notatnik

笔记本

Odkurzacz

吸尘器

Kaktus

仙人掌

Świeczka

蜡烛

Lodówka
冰箱

Kuchenka mikrofalowa
微波炉

Waga kuchenna
厨房秤

Toster
烤面包机

Środek czyszczący
洗洁精

Piekarnik
烤箱

Przegródka zamrażalnika
冰柜

Wiaderko na śmieci
垃圾桶

Zmywarka do naczyń
洗碗机

Kuchenka
炊具

Garnek
锅

Kocioł żeliwny
铸铁锅

Wok / Kadai
炒锅

Patelnia
平底锅

Czajnik
水壶

Parowar

蒸锅

Blacha do pieczenia

烤盘

Naczynia kuchenne

陶瓷锅

Kubek

马克杯

Miska

碗

Pałeczki

筷子

Nabierka

长柄勺

Łopatka do smażenia

铲子

Trzepaczka do śmietany

搅拌器

Cedzak

滤网

Sitko

筛子

Tarka

磨碎机

Moździerz

研钵

Grillowanie

烧烤

Palenisko

明火

Deska

菜板

Wałek do ciasta

擀面杖

Korkociąg

开瓶器

Puszka

罐子

Otwieracz do puszek

开罐器

Ściereczka do trzymania garnka

隔热手套

Umywalka

水槽

Szczotka

刷子

Gąbka

海绵

Mikser

搅拌机

Zamrażarka

冷藏箱

Butelka dla niemowlęcia

奶瓶

Kran

水龙头

Ogrzewanie
供暖设备

Prysznic
淋浴

Ręcznik
毛巾

Kotara prysznicowa
浴帘

Płyn do kąpieli
泡沫浴

Wanna kąpielowa
浴缸

Szklanka
玻璃杯

Pralka
洗衣机

Kran
水龙头

Kafelki
瓷砖

Nocnik
便壶

Umywalka
水槽

Toaleta
厕所

Toaleta kuczna
蹲便器

Bidet
坐浴器

Pisuar
小便池

Papier toaletowy
厕纸

Szczotka toaletowa
马桶刷

Szczoteczka do zębów

牙刷

Pasta do zębów

牙膏

Nitki do czyszczenia zębów

牙线

myć

洗

Głowica prysznicowa

手持式喷淋头

Płyn kąpielowy do higieny intymnej

冲洗器

Miska do mycia

洗脸盆

Szczotka kąpielowa

擦背刷

Mydło

肥皂

Żel prysznicowy

沐浴露

Szampon

洗发水

Rękawica kąpielowa

法兰绒

Odpływ

排水

Krem

乳霜

Dezodorant

除臭剂

Lustro

镜子

Lustro kosmetyczne

手镜

Golarka

剃须刀

Pianka do golenia

剃须泡沫

Woda po goleniu

须后水

Grzebień

梳子

Szczotka

刷子

Suszarka do włosów

吹风机

Spray do włosów

喷发定型剂

Makijaż

化妆品

Pomadka

唇膏

Lakier do paznokci

指甲油

Wata

化妆棉

Nożyczki do paznokci

指甲剪

Perfum

香水

Kosmctyczka

洗漱包

Taborct

凳子

Waga

计重秤

Szlafrok kąpielowy

浴袍

Rękawice gumowe

橡胶手套

Tampon

卫生棉条

Podpaska damska

卫生巾

Toaleta chemiczna

化学厕所

Budzik
闹钟

Pluszowa przytulanka
毛绒玩具

Samochodzik
玩具车

Grzechotka
拨浪鼓

Domek dla lalek
玩具屋

Prezent
礼物

Balon
气球

Łóżko
床

Wózek dziecięcy
（洋娃娃用）婴儿车

Gra w karty
扑克牌

Puzzle
拼图

Komiks
漫画

Klocki lego

乐高积木

Klocki

积木玩具

Action figura

玩具人

Śpioszek dziecięcy

婴儿服

Frisbee

飞盘

Zabawki ruchome

床铃玩具

Gra planszowa

棋盘游戏

Kości

骰子

Kolejka elektryczna

火车模型

Smoczek

安抚奶嘴

Przyjęcie

聚会

Książka z ilustracjami

绘本

Piłka

球

Lalka

洋娃娃

bawić się

玩

Piaskownica

沙坑

Huśtawka

秋千

Zabawki

玩具

Konsola do gier

游戏机

Rowerek trójkołowy

三轮车

Pluszowy miś

泰迪熊

Szafa ubraniowa

衣柜

Ubiór
衣服

Skarpety

袜子

Pończochy

长袜

Rajstopy

紧身裤

Szal
围巾

Parasol
雨伞

T-Shirt
T恤

Pasek
皮带

Kozaki
靴子

Pantofle domowe
拖鞋

Obuwie sportowe
运动鞋

Sandały
....
凉鞋

Buty
....
鞋

Kalosze
....
雨靴

Majtki
....
内裤

Biustonosz
....
胸罩

Podkoszulek
....
背心

Body

身体

Spodnie

裤子

Dżins

牛仔裤

Spódnica

短裙

Bluzka

女式衬衫

Koszula

衬衫

Pulower

套头衫

Bluza sportowa

卫衣

Marynarka

西装夹克

Kurtka

夹克

Płaszcz

外套

Płaszcz przeciwdeszczowy

雨衣

Kostium

套装

Sukienka

连衣裙

Suknia ślubna

婚纱

Garnitur męski

西装

Koszula nocna

睡袍

Piżama

睡衣

Sari

莎丽

Chusta na głowę

头巾

Turban

包头巾

Burka

波卡

Kaftan

卡夫坦

Abaya

(阿拉伯式)长袍

Strój kąpielowy

泳衣

Kąpielówki

男式泳裤

Krótkie spodnie

短裤

Dres sportowy

运动服

Fartuch

围裙

Rękawiczki

手套

Guzik

纽扣

Okulary

眼镜

Bransoletka

手链

Łańcuszek

项链

Pierścionek

戒指

Kolczyk

耳环

Czapka

便帽

Wieszak

衣架

Kapelusz

帽子

Krawat

领带

Zamek błyskawiczny

拉链

Kask

头盔

Szelki

背带

Mundurek szkolny

校服

Mundur

制服

Śliniaczek
围兜

Smoczek
安抚奶嘴

Pieluszka
尿不湿

Serwer
服务器

Szafa na akta
文件柜

Drukarka
打印机

Monitor
显示屏

Papier
纸

Mysz
鼠标

Biurko
办公桌

Segregator
文件夹

Klawiatura
键盘

Krzesło
椅子

Kosz na odpadki
废纸筐

Komputer
电脑

Filiżanka do kawy
咖啡杯

Kalkulator
计算器

Internet
因特网

Laptop

笔记本电脑

List

信件

Wiadomość

消息

Komórka

手机

Sieć

网络

Kopiarka

复印机

Oprogramowanie

软件

Telefon

电话

Gniazdko

插座

Faks

传真机

Formularz

表格

Dokument

文件

kupić
买

płacić
付钱

postępować
交易

Pieniądze
现金

Dolar
美元

Euro
欧元

Jen
日元

Rubel
卢布

Frank
瑞士法郎

Juan Renminbi
人民币

Rupia
卢比

Bankomat
提款处

Kantor wymiany walut

外币兑换处

Złoto

金

Srebro

银

Olej

石油

Energia

能源

Cena

价格

Umowa

合同

Podatek

税金

Akcja

股票

pracować

工作

Pracownik umysłowy

职员

Pracodawca

老板

Fabryka

工厂

Sklep

商店

Policjant
警官

Strażak
消防员

Pilot
飞行员

Kucharz
厨师

Lekarz
医生

Ogrodnik

园丁

Stolarz

木匠

Krawcowa

裁缝

Sędzia

法官

Chemik

化学家

Aktor

演员

Kierowca autobusu

公交车司机

Taksówkarz

出租车司机

Fischer

渔夫

Sprzątaczka

清洁女工

Dekarz

屋顶工

Kelner

服务员

Myśliwy

猎人

Malarz

画家

Piekarz

面包师

Elektryk

电工

Robotnik budowlany

建筑工人

Inżynier

工程师

Rzeźnik

屠夫

Instalator

水管工

Listonosz

邮递员

Żołnierz

士兵

Architekt

建筑师

Kasjer

收银员

Florysta

花农

Fryzjer

理发师

Konduktor

售票员

Mechanik

机械师

Kapitan

船长

Dentysta

牙医

Naukowiec

科学家

Rabin

拉比

Imam

伊玛目

Mnich

和尚

Proboszcz

牧师

Narzędzia
工具

Młotek
铁锤

Szczypce
钳子

Wkrętak
螺丝刀

Klucz do śrub
扳手

Latarka
手电筒

Koparka

挖掘机

Skrzynka narzędziowa

工具箱

Drabina

梯子

Piła

锯子

Gwoździe

钉子

Wiertło

钻机

naprawić
修

Łopatka
铲子

Cholera!
靠！

Szufelka
畚箕

Puszka z farbą
油漆桶

Śruby
螺丝

Instrumenty muzyczne
乐器

Głośnik
扬声器

Perkusja
打击乐器 ◢

Citara
吉他 ◢

◤ Kontrabas
低音提琴

Trąbka
小号

Pianino

钢琴

Skrzypce

小提琴

Bas

贝斯

Kotły

定音鼓

Bęben

鼓

Keyboard

电子琴

Saksofon

萨克斯管

Flet

长笛

Mikrofon

麦克风

Wejście
入口

Tygrys
老虎

Klatka
笼子

Zebra
斑马

Pasza
动物饲料

Panda
熊猫

Zwierzęta

动物

Słoń

大象

Kangur

袋鼠

Nosorożec

犀牛

Goryl

大猩猩

Niedźwiedź

熊

Wielbłąd

骆驼

Struś

鸵鸟

Lew

狮子

Małpa

猴子

Fleming

火烈鸟

Papuga

鹦鹉

Niedźwiedź polarny

北极熊

Pingwin

企鹅

Rekin

鲨鱼

Paw

孔雀

Wąż

蛇

Krokodyl

鳄鱼

Dozorca w zoo

动物园管理员

Foka

海豹

Jaguar

美洲豹

Zoo - 动物园

Kucyk

矮种马

Gepard

豹

Hipopotam

河马

Żyrafa

长颈鹿

Orzeł

老鹰

Dzik

野猪

Ryba

鱼

Żółw

龟

Mors

海象

Lis

狐狸

Gazela

羚羊

Futbol amerykański
橄榄球

Kolarstwo
骑自行车

Tenis
网球

Koszykówka
篮球

Pływanie
游泳

Boks
拳击

Hokej na lodzie
冰球

Piłka nożna
英式足球

Badminton
羽毛球

Lekka atletyka
田径

Piłka ręczna
手球

Narciarstwo
滑雪

Polo
马球

skakać
跳

objąć
拥抱

śmiać się
笑

iść
走路

śpiewać
唱

marzyć
做梦

modlić się
祈祷

całować
亲吻

pisać
书写

rysować
画

pokazywać
展示

nacisnąć
推

dać
给

wziąć
拿

mieć

有

robić

做

być

当

stać

站

biegać

跑

ciągnąć

拉

rzucać

扔

spaść

摔倒

leżeć

躺

czekać

等待

nosić

携带

siedzieć

坐

zakładać

穿衣

spać

睡觉

budzić się

醒来

spojrzeć

看

płakać

哭

głaskać

抚摸

czesać się

梳头

mówić

交谈

rozumieć

明白

pytać

问

słyszeć

听

pić

喝

jeść

吃

sprzątać

清理

kochać

爱

gotować

做饭

jechać

开车

latać

飞

żeglować

航行

liczyć

计算

czytać

读

uczyć się

学习

pracować

工作

wejść w związek małżeński

结婚

szyć

缝

myć zęby

刷牙

zabić

杀

palić tytoń

抽烟

wysłać

寄

Babcia
祖母

Dziadek
祖父

Ojciec
父亲

Matka
母亲

Niemowlę
婴童

Córka
女儿

Syn
儿子

Gość

客人

Ciotka

阿姨

Wujek

叔叔

Brat

兄弟

Siostra

姐妹

Czoło
前额

Oko
眼睛

Ramię
肩膀

Palec
手指

Twarz
脸

Broda
下巴

Ręka
手

Pierś
乳房

Noga
腿

Ramię
手臂

Niemowlę
婴童

Mężczyzna
男人

Kobieta
女人

Dziewczyna
女孩

Chłopiec
男孩

Głowa
头

Plecy

背部

Brzuch

肚子

Pępek

肚脐

palec nogi

脚趾

Pięta

脚后跟

Kość

骨头

Biodro

臀部

Kolano

膝盖

Łokieć

手肘

Nos

鼻子

Pośladki

屁股

Skóra

皮肤

Policzek

脸颊

Uszy

耳朵

Warga

嘴唇

Usta

嘴

Ząb

牙齿

Język

舌头

Mózg

脑

Serce

心脏

Mięsień

肌肉

Płuca

肺

Wątroba

肝脏

Żołądek

胃

Nerki

肾脏

Stosunek płciowy

性交

Kondom

避孕套

Komórka jajowa

卵子

Sperma

精子

Ciąża

怀孕

Menstruacja

月经

Wagina

阴道

Penis

阴茎

Brew

眉毛

Włosy

头发

Szyja

脖子

Szpital
医院

Karetka pogotowia
救护车

Wózek inwalidzki
轮椅

Złamanie
骨折

Lekarz

医生

Izba przyjęć

急诊室

Pielęgniarka

护士

Nagły przypadek

紧急情况

nieprzytomny

昏迷

Ból

痛

Skaleczenie

受伤

Krwawienie

出血

Zawał serca

心脏病发作

Udar mózgu

中风

Alergia

过敏

Kaszleć

咳嗽

Gorączka

发烧

Grypa

流感

Biegunka

腹泻

Ból głowy

头痛

Rak

癌症

Cukrzyca

糖尿病

Chirurg

外科医生

Skalpel

手术刀

Operacja

手术

CT
....
CT

Rentgen
....
X光

Ultradźwięki
....
超声波

Maska
....
口罩

Choroba
....
疾病

Poczekalnia
....
候诊室

Kula
....
拐杖

Plaster
....
石膏

Opatrunek
....
绷带

Iniekcja
....
注射

Stetoskop
....
听诊器

Nosze
....
担架

Termometr
....
体温计

Poród
....
出生

Nadwaga
....
超重

Aparat słuchowy

助听器

Środek dezynfekcyjny

消毒液

Infekcja

感染

Wirus

病毒

HIV / AIDS

艾滋病

Medycyna

药物

Szczepienie

接种疫苗

Tabletki

药片

Pigułka

药丸

Telefon ratunkowy

急救电话

Ciśnieniomierz krwi

血压计

chory / zdrowy

生病/健康

Pomocy!

救命！

Alarm

警报

Napad

突击

Atak

攻击

Niebezpieczeństwo

危险

Wyjście awaryjne

紧急出口

Pożar!

着火啦！

Gaśnica

灭火器

Wypadek

意外

Walizeczka pierwszej pomocy

急救箱

SOS

呼救信号

Policja

警察

Europa

欧洲

Ameryka Północna

北美洲

Ameryka Południowa

南美洲

Afryka

非洲

Azja

亚洲

Australia

澳洲

Atlantyk

大西洋

Pacyfik

太平洋

Ocean Indyjski

印度洋

Ocean Antarktyczny

南冰洋

Ocean Arktyczny

北冰洋

Biegun północny

北极

Biegun południowy

南极

Antarktyda

南极洲

Ziemia

地球

Kraj

陆地

Morze

海

Wyspa

岛

Naród

国家

Państwo

国家

Cyferblat

钟面

Wskazówka godzinowa

时针

Wskazówka minutowa

分针

Wskazówka sekundowa

秒针

Która godzina?

现在几点？

Dzień

天

Czas

时间

teraz

现在

Zegarek digitalny

电子表

Minuta

分

Godzina

时

Poniedziałek 周一 — MO

Środa 周三 — W

Piątek 周五 — FR

Wtorek 周二 — TU

Czwartek 周四 — TH

Sobota 周六 — SA

Niedziela 周日 — SO

wczoraj
昨天

dzisiaj
今天

jutro
明天

Rano
早晨

Południe
中午

Wieczór
晚上

Dni robocze
工作日

Weekend
周末

Deszcz
雨

Tęcza
彩虹

Wiatr
风

Śnieg
雪

Wiosna
春

Lato
夏

Jesień
秋

Zima
冬

Prognoza pogody

天气预报

Termometr

温度计

Światło słoneczne

阳光

Chmura

云

Mgła

雾

Wilgotność powietrza

潮湿

Błyskawica

闪电

Grzmot

打雷

Sztorm

风暴

Grad

冰雹

Monsun

季风

Potop

洪水

Lód

冰

Styczeń

一月

Luty

二月

Marzec

三月

Kwiecień

四月

Maj

五月

Czerwiec

六月

Lipiec

七月

Sierpień

八月

Wrzesień
....
九月

Październik
....
十月

Listopad
....
十一月

Grudzień
....
十二月

Kształty

形状

Koło
....
圓形

Kwadrat
....
正方形

Prostokąt
....
长方形

Trójkąt
....
三角形

Kula
....
球体

Sześcian
....
立方体

biały

白

żółty

黄

pomarańczowy

橙

różowy

粉

czerwony

红

liliowy

紫

niebieski

蓝

zielony

绿

brązowy

棕

szary

灰

czarny

黑

dużo / mało

很多/少许

wściekły / spokojny

生气/平静

piękny / brzydki

美/丑

początek / koniec

首/尾

duży / mały

大/小

jasny / ciemny

明/暗

brat / siostra

兄弟/姐妹

czysty / brudny

干净/肮脏

kompletny / niekompletny

完整/缺失

dzień / noc

白天/晚上

umarły / żywy

死/生

szeroki / wąski

宽/窄

jadalny / niejadalny

可食用/非食用

zły / uprzejmy

邪恶/善良

podniecony / znudzony

兴奋/无聊

gruby / chudy

胖/瘦

najpierw / na końcu

第一/最后

przyjaciel / wróg

朋友/敌人

pełen / pusty

满/空

twardy / miękki

硬/软

ciężki / lekki

重/轻

głód / pragnienie

饿/渴

chory / zdrowy

生病/健康

nielegalny / legalny

非法/合法

inteligentny / głupi

聪明/愚笨

lewo / prawo

左/右

bliski / daleki

近/远

nowy / uzywany

新/旧

nic / coś

没有/有些

stary / młody

老/幼

włącz / wyłącz

开/关

otwarty / zamknięty

打开/合上

cichy / głośny

安静/吵闹

bogaty / biedny

富/穷

prawidłowy / błędny

对/错

chropowaty / gładki

粗糙/光滑

smutny / szczęśliwy

伤心/高兴

krótki / długi

短/长

powolny / szybki

慢/快

mokry/suchy

湿/干

ciepły / chłodny

温暖/凉爽

wojna / pokój

战争/和平

0

zero

零

1

jeden

一

2

dwa

二

3

trzy

三

4

cztery

四

5

pięć

五

6

sześć

六

7

siedem

七

8

osiem

八

9

dziewięć

九

10

dziesięć

十

11

jedenaście

十一

12
dwanaście
十二

13
trzynaście
十三

14
czternaście
十四

15
piętnaście
十五

16
szesnaście
十六

17
siedemnaście
十七

18
osiemnaście
十八

19
dziewiętnaście
十九

20
dwadzieścia
二十

100
sto
百

1.000
tysiąc
千

1.000.000
milion
百万

Angielski

英语

Angielski amerykański

美式英语

Chiński mandaryński

普通话

Hindi

印地语

Hiszpański

西班牙语

Francuski

法语

Arabski

阿拉伯语

Rosyjski

俄语

Portugalski

葡萄牙语

Bengalski

孟加拉语

Niemiecki

德语

Japoński

日语

ja

我

ty

你

on / ona / ono

他/她/它

my

我们

wy

你们

oni

他们

kto?

谁？

co?

什么？

jak?

怎样？

gdzie?

哪里？

kiedy?

什么时候？

Nazwisko

名字

za

后面

w

里面

przed

前面

powyżej

上方

na

上面

pod

下面

obok

旁边

między

中间

Miejsce

地点